Maria de Posz

# FERIEN AUF DEM BAUERNHOF

Text von
**Thea Leitner**

Annette Betz Verlag

Endlich Sommer! Endlich Ferien! Endlich Lindenhof!
Tino, Tom und Michaela sind die glücklichen Kinder, die jeden Sommer mit ihren Eltern auf den Lindenhof fahren. Das ist ein großer Hof mit Kühen und Schweinen, Hühnern und Hasen, Katzen und Pferden und ein paar Waldtieren im Gehege.
Der Bauer Andrä und seine Frau, die Maria, vermieten Ferienwohnungen an Gäste aus der Stadt. Einen Sommer lang sind alle zusammen eine große, glückliche Familie.
Während Vater und Mutter auspacken, laufen Tino, Tom und Michaela nachschauen, ob die Linde noch hinter dem Haus steht, ob die Gänse noch auf dem Teich schwimmen und ob der Sandhaufen noch genauso weiß und weich ist wie im vorigen Jahr.
»Am Nachmittag wird gegrillt«, sagt der Vater. Da kommen auch die Kinder des Bauern und die Freunde aus dem Dorf. Andrä und Maria stehen schon erwartungsvoll vor dem Haus.
Der Vater schürt das Feuer, Tom holt frisches Holz im Tragkorb, die Mutter und Michaela schaffen Würstel und Gebäck herbei.
»Auch das kleine Reh braucht was zu trinken«, erklärt Tino und füttert das Kitz aus einer Babyflasche.
Nach dem Essen spielt Vater auf der Gitarre, und alle zusammen singen laut, begeistert und manchmal ein bißchen falsch: »Wie schön ist es im Lindenhof...«

Der Bauer ist ein berühmter Mann, und seine Nachbarn sind stolz auf ihn. Die Regierungsleute aus der Stadt wollten nämlich das Moor des Andrä trockenlegen, und die Bäume sollten gefällt werden, damit das Land mit großen Traktoren schneller bearbeitet werden kann. Aber Andrä sagte: »So ein Stück Moor gibt es fast nirgends mehr, mit all den seltenen Vögeln und Blumen und Schmetterlingen. Wenn das Moor verschwindet, dann verschwinden auch die Vögel und die Blumen und die Schmetterlinge für immer.«

Der Andrä hat gekämpft »wie ein Löwe«, daß das herrliche Stück Natur so bleiben durfte, wie es war. Und dann hat der Andrä von der Regierung eine Auszeichnung bekommen, und sein Name stand in der Zeitung. Und jetzt kommen die Leute von weit und breit und bestaunen das letzte Moor in der Gegend.

Zufrieden mäht Andrä sein gerettetes Moor, und Tom darf auf dem kleinen Traktor mitfahren. Tino pflückt noch rasch einen Blumenstrauß. Michaela recht das frischgemähte Gras.

Vater und Mutter bereiten schon einen Imbiß vor. Der Bauer wird ein ganz besonders großes Wurstbrot bekommen.

»Weil er am meisten arbeitet und weil er ein berühmter Mann ist«, sagt die Mutter. Sie fügt hinzu: »Ich wünschte, es gäbe viele so tapfere Leute wie den Andrä!«

Unter den alten Fichten steht eine kleine Hütte. Dort ist der Lieblingsspielplatz von Tino, Tom und Michaela. Sie haben die Hütte im vorigen Jahr zusammen mit den Kindern des Bauern gebaut. In der Hütte liegt weiches Moos. Man kann bei schlechtem Wetter darin sitzen und lesen oder spielen.
Leider regnet es immer ein bißchen durch. Darum macht Tom jetzt ein Dach aus Baumrinde. Michaela schleppt Holz herbei.
»Wir brauchen kein Holz mehr für die Hütte«, sagt Tom.
»Weiß ich«, sagt Michaela. »Ich möchte nur ein kleines Feuerchen machen.«
Da wird Tom ganz böse: »Bist du verrückt? Im Wald darf man kein Feuer machen. Der Andrä hat uns das Hunderte Male erklärt.«
»Komm zu mir, hilf mir meinen Garten bauen«, ruft Tino. »Da blühen schon Erdbeeren.«
»Ich pfeif auf die Erdbeeren«, mault Michaela. »Ich sammle lieber Heilkräuter für Maria.«
»Kannst du überhaupt einen Farn von Zinnkraut unterscheiden?« fragt Tom spöttisch.
»Natürlich. Ich bin ja nicht blöd.«
»Doch, bist du«, trumpft Tom auf. »Wer im Wald Feuer machen will, ist blöd.«
»Bäh«, sagt Michaela und zeigt ihm die Zunge.

Wenn zwei sich streiten, freut sich der Dritte.
Tom und Michaela sind zur Bäuerin gelaufen, jeder von ihnen wollte im Hühnerstall nach frischgelegten Eiern suchen.
»Geht doch zusammen hin«, schlug Maria vor.
»Nein, ich allein«, sagte Michaela.
»Nein, ich allein«, schrie Tom.
»Na gut«, entschied die Bäuerin, »dann geht eben Tino. Basta, aus.«
Mit gesenkten Köpfen liefen Tom und Michaela davon.
Michaela unterhält sich mit den Gänsen am Teich. »Ga-ga-ga«, machen die Gänse. »Ga-ga-ga«, echot Michaela.
Tom tröstet sich beim Wasserballspiel mit dem Jungen des Bauern.
Und Tino schreit voller Freude: »Ich hab ein Ei, ich habe viele, viele Eier. Morgen bekommt jeder ein Ei zum Frühstück.«
Morgen ist Sonntag, morgen gehen alle zum Schützenfest ins Nachbardorf. Morgen werden alle wieder friedlich sein und sich vertragen.

Tino, Tom und Michaela helfen im Kuhstall. Tino füttert die Kälber mit Heu. Michaela gibt ihnen Milch zu trinken, und Tom richtet das Salz für die Kühe her. Das mögen sie gern, da halten sie dann beim Melken ganz still.

»Es war so schön beim Schützenfest«, erinnert sich Tino. »Am schönsten war mein Lebkuchenherz, das mir Maria geschenkt hat.«

»Am schönsten waren meine Seifenblasen«, sagt Michaela.

»Am allerschönsten war es mit Vater und Andrä beim Schießstand«, meint Tom.

»Hört auf, von gestern zu träumen«, mahnt die Bäuerin. »Schaut lieber nach, ob die kleinen Katzen noch genug Milch haben.«

Die Kinder arbeiten still weiter. Dann fragt Michaela: »Die Katzen kriegen ein bißchen Milch, und wir trinken Milch zum Frühstück und manchmal zum Abendessen. Das ist aber nicht sehr viel. Wo kommt denn all die Milch von euren zwanzig Kühen hin?«

»In die Käserei im Dorf«, sagt die Bäuerin. »Wenn ihr Lust habt, könnt ihr dort einmal nachsehen, was mit unserer Milch geschieht.«

»Wißt ihr, was eine Harfe ist?« fragt Peter, der Käsereigehilfe. Alle drei Kinder wissen es. Mit einer Harfe macht man schöne Musik. Peter lacht: »Richtig. Aber das Ding hier, mit dem ich die Milch umrühre, das ist auch eine Harfe. Eine Käseharfe.«
»Aha«, sagt Michaela und schaut ihm neugierig zu. »Mit der Käseharfe machst du Schweizer Käse.«
»Naja, so ungefähr«, sagt Peter. Dann erklärt er den Kindern genau, wie aus tausend Liter Milch und allerhand Zutaten nach monatelanger Wartezeit ein Rad Schweizer Käse entsteht.
Das verstehen die Kinder zwar nicht so ganz, aber etwas macht ihnen ungeheuren Eindruck: ein Käserad ist nur so groß wie Tino, aber es wiegt genausoviel wie der Vater. Wie kommt das?
Peter kratzt sich verlegen am Kopf. »Was weiß denn ich. Fragt doch euren Vater. Der hat studiert, der kann euch das sagen.«
Michaela ist nicht so sicher. Sie hat längst herausgefunden, daß die Erwachsenen auch nicht alles wissen, wonach man sie fragt. Bestimmt hat Papa keine Ahnung, was eine Käseharfe ist. Sie wird ihn nachher gleich fragen. Und sie freut sich schon auf sein ratloses Gesicht.

Die Ferien gehen zu Ende.

Zusammen mit der Bäuerin hat Michaela rasch noch einmal große Puppenwäsche gehalten und hängt sie nun im Obstgarten zum Trocknen auf. Der Bauer hat für Michaela eigens eine Leine gespannt, die ein wenig niedriger hängt. So kann das kleine Mädchen sie leicht erreichen.

Die Bauernkinder beginnen mit der Obsternte. Tino und Tom sollten eigentlich helfen, aber sie möchten lieber noch einmal, noch ein einziges Mal, zusammen reiten.

»Ich will nicht heim, ich will nicht in den Kindergarten«, quengelt Tino.

»Glaubst du, ich freu mich schon auf die Schule?« seufzt Tom.

»Können wir nicht hierbleiben?«

»Nein«, sagt Tom düster.

»Dann reiten wir eben einfach davon und kommen nie, nie mehr wieder«, schlägt Tino vor.

»Hat doch keinen Sinn. Die suchen uns sofort und finden uns überall«, sagt Tom.

Tino beginnt leise zu weinen.

»Heul nicht«, sagt Tom und schluckt heftig. »Wir kommen ja im nächsten Jahr wieder.«

»Sie kommen nächstes Jahr wieder«, sagt die Bäuerin im Gemüsegarten, während sie Kürbisse abschneidet. Maria hat die Angewohnheit, laut mit sich selbst zu reden, wenn sie traurig ist.
»Was hast du gesagt, Mutter?« fragt Kati vom Brunnen her.
»Ach nichts«, sagt die Bäuerin, und dann brummelt sie leise vor sich hin: »Jetzt gehen Tom und Michaela schon wieder zur Schule und Tino in den Kindergarten. Ach Gott, ach Gott, wie mir die netten Kinder abgehen. So lange dauert es, bis sie wiederkommen. Wie lange eigentlich? Jetzt haben wir Anfang September . . . Oktober, November, Dezember, Januar, Februar, März, April, Mai, Juni, Juli . . . Himmel! Elf Monate. Fast ein Jahr. Nein, nein, das ist viel zu lang.«
Maria richtet sich auf und ruft: »Kati, lauf nachher zum Krämer und hole Briefpapier.«
»Wem willst du denn schreiben?« fragt Kati.
»An Tino, Tom und Michaela. Sie sollen uns zu Weihnachten besuchen.«

CIP-Kurztitelaufnahme der Deutschen Bibliothek

Leitner, Thea
Ferien auf dem Bauernhof / Thea Leitner; Maria de Posz. – Wien;
München: Betz, 1987.
 ISBN 3-219-10352-9
NE: de Posz, Maria:

B 378/1
Alle Rechte vorbehalten
Bilder von Maria de Posz
© 1987 by Annette Betz Verlag
im Verlag Carl Ueberreuter Ges. m. b. H.,
Wien – München
Gesamtherstellung: Carl Ueberreuter Druckerei Ges. m. b. H.,
Korneuburg
Printed in Austria